①

与渴望联结

〔马来西亚〕林文采 著

图书在版编目（CIP）数据

与渴望联结：全7册 /（马来）林文采著. --北京：北京联合出版公司，2020.3
ISBN 978-7-5596-3514-3

Ⅰ. ①与… Ⅱ. ①林… Ⅲ. ①儿童教育—家庭教育 Ⅳ. ① G782

中国版本图书馆 CIP 数据核字（2019）第 174418 号

北京市版权局著作权合同登记　图字：01-2020-0871

与渴望联结：全 7 册

作　　者：〔马来西亚〕林文采
选题策划：木晷文化
策划编辑：朱　笛
责任编辑：牛炜征
特约编辑：师丽媛
营销编辑：金　颖　黄思维
封面设计：思绪设计

北京联合出版公司出版
（北京市西城区德外大街 83 号楼 9 层　100088）
河北鹏润印刷有限公司印刷　　新华书店经销
字数 432 千字　　700 毫米 ×980 毫米　　1/32　　30 印张
2020 年 3 月第 1 版　　2020 年 3 月第 1 次印刷
ISBN 978-7-5596-3514-3
定价：138.00 元（全 7 册）

目录

01

太黏妈妈，怎么办？

作为父母，

很重要的一点，

就是要鼓励孩子，

相信自己的感受，

相信身体告诉自己的感受。

三岁之前的孩子黏妈妈，怎么办？

孩子如果太黏妈妈，该怎么办呢？

短暂分离的情况下，如何处理？

我们常常看到，三岁之前的孩子，尤其是不满一岁的时候，特别黏妈妈。这是因为不足三岁的孩子，安全感还没有吸收够，孩子还没有准备好跟妈妈分离。

一位妈妈，女儿一岁三个月了，特别黏妈妈，不管是妈妈洗澡、买菜，还是做饭，女儿都一直缠着妈妈，要妈妈抱；妈妈去卫生间，女儿会守在卫生间门口，不停地哭；就算是在玩玩具玩得非常开心时，只要妈妈一离开，女儿就会马上追上来……可想而知，妈妈分身乏术，感觉非常崩溃。

孩子这么黏人，是因为孩子没出息吗？或者是因为妈妈做错了什么吗？其实不是的。这个年龄段的孩子，原本在心理上就是跟妈妈共生的。所谓“共生”，意思是孩子认为她跟妈妈是同一个人，所以当她发现妈妈不见了的时候，就会产生极大的恐慌，尤其是当孩子吸收的安全感不足时，孩子会有一种非常强烈的、被活生生分开或者“撕裂”的感觉。这种情况下，妈妈如果批评甚至打骂孩子，那么孩子黏人的情况只会越来越严重。因为孩子越没有安全感，就越喜欢黏着妈妈，这就陷入了恶性循环。可是，妈妈总有自己的事情要做啊！面对这么黏人的孩子，妈妈应该怎么办呢？

其实，只要按照以下三步来做就可以了——理解、接纳和回到孩子身边后的确认。

第一步是理解。我们要理解，孩子黏人的原因是“安全感不足”，只是需要补充心理营养而已。孩子有分离焦虑、黏人的表现，是非常正常的，跟“没出息”一点关系都没有。

第二步是接纳。在理解孩子之后，妈妈要通过具体的语言和行为，表达对孩子感受的认同、行为的接纳。首先要表达对孩子分离感受的认同，要让孩子知道：“妈妈只是暂时离开，虽然现在我难过、伤心，但是很快我就能看到妈妈。”然后妈妈要表达自己能接纳孩子的行为和情绪，比如用手轻缓地抚摩孩子的后背，同时告诉孩子：“不要怕，妈妈还在的，妈妈只是暂时离开一下。”然后放下孩子离开。虽然妈妈这样做的时候，孩子可能还是会哭闹，但并不说明这个方法没用。这个方法绝对是有帮助的，一次，两次，三次……慢慢地，孩子就能够理解：“虽然我现在看不到妈妈，但是妈妈并没有消失，只是暂时离开，很快我就能再看到妈妈了。”需要注意的是，在安抚孩子的整个过程中，妈妈一定要保持平和的心态。平和与接纳可以表现在妈妈说话的语调里，比如温和而坚定地告诉孩子：“我知道你怕，但是不用怕，妈妈还在，只是暂时离开一下。”

第三步是回到孩子身边后的确认。等回到孩子身边时，妈妈要对孩子说："看到了吧？妈妈回来了，现在抱着你了，你不用怕。"

只要妈妈一次又一次地重复这三步，孩子对于普通生活里常常发生的短暂分离就会逐渐适应，不会那么紧张了。

分离时间较长的情况下，如何处理？

前面提到的是短暂分离的情况，还有一种情况是分离时间比较长。比如妈妈要去上班了，两岁多的孩子通常会哭得非常厉害，甚至抱着妈妈的大腿，央求妈妈不要走。

应对方法还是"三步走"——理解孩子，接纳孩子的行为，最后按照约定回到孩子的身边。其中最重要的还是妈妈的语调和行为，要温和而坚定地告诉孩子："妈妈要去上班了，妈妈知道你很难过，妈妈也很难过，也不想和你分开，但是宝宝不要怕，妈妈会回来的，等妈妈下班回到家，宝宝就会看到妈妈了。"

除此之外，还可以想一些办法，来缓解这种较长时间的分离给孩子带来的恐惧。比如可以给孩子一张妈妈的照片，告诉孩子，“如果你很难过，可以看看妈妈的照片”，或者“你想念妈妈的时候，可以抱抱妈妈的枕头，上面有妈妈的味道”。妈妈上班之后，则可以抽空给家里打电话，跟孩子说几句话。

另外，还可以经常做类似捉迷藏的游戏。比如拿一张纸，遮住妈妈的脸，然后突然拿开，通常这时孩子会哈哈大笑。这样做的目的是让孩子知道，虽然他刚才看不到妈妈，但妈妈并没有消失。又如，妈妈躲起来，让孩子去找妈妈，找到妈妈的时候，妈妈就抱住孩子，目的也是帮助孩子慢慢习惯“妈妈不在，但妈妈的爱还在”的感觉，帮助孩子理解和面对分离。

通过尝试前面分享的三个步骤，以及列举的一些小方法、小游戏，一般来说，孩子黏人的现象就会慢慢改观。

其实孩子太黏人，或者分离时哭得很厉害，妈妈不必过于担心，因为这不代表孩子的安全感一定出了问题。妈妈可以问问在家里照顾孩子的人，自己离开家以后，孩子是否不哭不闹了，或者虽有哭闹但很快可以安静下来玩耍。若是如此，表示孩子的安全感基本上是足够的。

孩子黏人，最根本的原因是安全感不足。那么除了孩子黏人的时候要恰当应对，在日常生活中，如何做才能给予孩子足够的安全感呢？首先，妈妈自己要情绪稳定，确保自己的语调和行为是温和的。其次，妈妈要注意夫妻关系。妈妈和爸爸的关系越和谐稳定，孩子的安全感就越强。最后，在确保环境安全的前提下，多给孩子为自己负责的机会，比如让孩子自由地爬、走路或者跑跳，准备自己的水壶，收拾自己的包包，整理自己的玩具……父母不要事事代劳，孩子越是行为自主、为自己负责，在面对分离的时候就越有安全感。

总之，孩子黏人时，家长不要去批评、责怪他，而是给孩子足够的安全感，那么等孩子过了三岁，分离焦虑或者特别黏妈妈的情况就会慢慢消失。

总结一下

当孩子出现黏人的表现时，怎样才能既不耽误妈妈做自己的事情，又不影响孩子的安全感呢?

第一，要理解这是孩子在成长过程中，非常正常的阶段和表现，不要责怪和批评孩子。

第二，要温和地对孩子表达“妈妈知道你很害怕，妈妈就在这里”，或者“妈妈很快就会回来了”。

第三，一次又一次分离，一次又一次重新回到孩子身边，孩子就能慢慢理解与妈妈的分离是正常现象，不再那么黏妈妈了。

三岁之后的孩子黏妈妈，怎么办？

孩子到了四五岁甚至七八岁还很黏人，该怎么办呢？

我们首先来看，怎样判断给予孩子的安全感是否足够呢？

一个妈妈觉得女儿的安全感是足够的，因为在女儿两岁前她都全程陪伴。而且她也按照前述方法，每一次分离时都会告诉女儿“我很快就回来”，回来后会给女儿一个拥抱。可是现在女儿五岁半了，还是很黏她，跟女儿分开睡，女儿可以哭半个小时，当她要出门的时候女儿也会哭。

为什么妈妈觉得孩子的安全感足够了，孩子却还表现得那么黏人呢？

孩子的安全感足够，通常表现在其独立自主的能力上。在和孩子分离这件事情上，最终要看的不是妈妈的感觉，而是孩子的状态。比如临睡觉的时候，如果孩子一直哭闹，就表示孩子还没有达到安全感足够、可以独立自主的状态。

虽然从理论上来说，孩子的心理独立以三周岁为分界点，但是一般来说，在给予关注方面家长做得是足够的，在放手方面做得却不够。很多家庭对孩子太过关注，因而有太多焦虑，而这样的焦虑会让孩子觉得他是不安全的，他还不够好，还不能够独立自主。就我所知，如果孩子到了五岁能够分房睡，已经是非常好的了。如果在分房睡的时候，孩子的情绪非常不稳定，甚至能哭半个小时，那么家长就要有耐心给孩子更多的时间来适应过渡期。

不要因为理论上说到了三周岁孩子可以独立自主了，就一定要让孩子独立自主，要根据孩子的具体情况来判断，他的安全感是不是足够。如果孩子到了三周岁，安全感却不足，就要耐心等待，继续给他心理营养，直到他能够分离、独立。

如果孩子三岁以后还出现黏人表现，应该怎么做呢？

其实方法和对待三岁前的孩子是一样的。首先不要批评孩子，而要理解孩子黏大人是在表达对安全感的需求。其次，要温和地对孩子表达“妈妈知道你很害怕，妈妈就在这里”，或者“妈妈很快就会回来”。这样一次又一次地重复，并且说到做到，让孩子树立“妈妈一定会回来”的信心。最后，在日常生活中，从三个方面给孩子足够的安全感：妈妈自己要情绪稳定；要注意和丈夫的关系；在确保环境安全的前提下多给孩子为自己负责的机会。

在分房睡的问题上，如何确定孩子的安全感已经足够？

如果不确定孩子是否有足够的安全感可以分房睡，那么可以跟孩子这样说：“宝宝，妈妈觉得你已经长大了，我们要开始分开睡觉喽。”

首先，一定要渐进地试探。要让孩子先试试看能不能自己单独睡，而不是直接说“宝宝，你自己睡吧”，然后就走了。在孩子独自睡之前，还要特意做一些安抚动作，比如抚摩孩子的背，给孩子拥抱，还可以告诉孩子“宝宝，妈妈就在房间里”，等孩子睡着了，妈妈再走开。给孩子一个适应的阶段，过一段时间以后，可以说：“宝宝，试试今天自己睡吧。”然后，妈妈关灯离开。如果孩子能做到独自睡，那么第二天早上一定要给孩子一个拥抱，告诉孩子：“宝宝，你真的长大了，已经可以分房睡了。”在适应的阶段，妈妈的肯定、赞美、认同，自然是不能少的。

简单来说，要循序渐进。比如本来是同一个床睡的，先分床睡，然后再慢慢地分房睡；分房睡的时候，先陪着孩子睡，等孩子睡着了再离开，再慢慢过渡到孩子独自睡。

对于安全感不足的孩子，妈妈起身离开不久，即使是半夜，孩子也会起床找妈妈，这就表示孩子还没有做好独自睡的准备。如果妈妈离开的时候孩子会哭，那么重要的是看孩子哭多久，如果妈妈离开之后孩子就不怎么哭了，或者很快就不哭了，那就说明孩子的安全感是足够的，可以继续让孩子独自睡；如果妈妈离开以后，孩子一直哭，超过10分钟，就表示孩子的安全感还不太够。

孩子害羞怕生黏人，怎么办？

通常和孩子黏人相伴随的，是孩子怕生的问题。

有一个孩子快三岁了，在家里是很活泼的，可是一到外面就怕生，不允许家人之外的任何人抱他。很多家长都很疑惑：我家孩子不但黏人，还怕生，甚至害羞，容易退缩，该怎么办呢？

确实，对于有些孩子，不管妈妈如何解释和劝说，孩子还是会往妈妈身后躲，坚决不让外人抱，只让家人抱。那么，是否因为这些孩子经常自己玩，和亲戚朋友接触比较少，才会害羞怕生？让这些孩子多去接触一些亲戚朋友，是否就会好起来呢？

关于这个问题，首先要明确的是：每个孩子都是不一样的，都有自己的天生气质。

天生气质类型是一个非常大的话题，这里先介绍两种天生气质。

有一种孩子，是乐天型的。乐天型的孩子，在天性上很喜欢跟别人连接，而且连接得非常快——别人抱也行，逗也行，玩也行……所以他们可以很容易、很快速地跟别人交朋友，也很愿意和陌生人、亲戚朋友一起玩。这种孩子，一般在家里很活泼，在外面更活泼，是典型的性格外向的孩子。

还有一种孩子，是冷静型的。冷静型的孩子，从天性上来说是比较谨慎小心的。他们并非不能和别人连接，而是需要更多的时间去连接。他们没有太多冒险精神，一定要确保自己了解、熟悉别人之后，才愿意跟别人玩，与别人亲近。在感觉陌生的情况下，他们通常会躲起来。

很多父母非常担心冷静型的孩子，其实是没有必要的。作为父母，很重要的一点，就是要鼓励孩子，相信自己的感受，相信身体告诉自己的感受。

父母要耐心等待，等到孩子自己觉得可以让别人亲近他，可以去跟别人玩的时候。当孩子觉得还不行、不可以的时候，要允许孩子站在旁边观察，其他小朋友是怎样在一起玩的，是怎么跟大人相处的，大人之间是如何互相问候、聊天的……孩子会慢慢地观察、感受，然后得出自己的结论。当父母允许孩子这样做的时候，就等于允许孩子用自己的感官来做判断，这样孩子才能建立真正的安全感。

如果孩子的身体告诉他，还不确定是否安全，还可能有危险，但是妈妈强行要求孩子表现出非常开朗大方的样子，不断推拉催促孩子："让阿姨抱抱怎么了？阿姨想跟你玩呀！快去吧，没关系的！怎么这么害羞？太不像话了！再这样，我不带你出门了，下回你自己在家待着吧……"这其实是在告诉孩子：妈妈的威胁来了，你不能自己决定，要由妈妈来为你做决定；你不能相信自己的感觉，只能相信妈妈的话。这样的养育方式，其实违背了心理营养育儿法关于"给孩子提供足够的安全感"的其中一条原则——"父母要允许孩子根据自己的感觉，自己决定选择分离或独立"。孩子应该自己决定是离开父母去跟别人一起玩，还是留在原地先观察。目的就是要让孩子知道：你可以跟着自己身体的感觉，相信自己的感受。

有些妈妈可能还是担心，这会不会是一个问题呢？是不是因为我的孩子太内向了？

其实没有所谓的“太内向”。很多孩子在家里很活泼，只是到了外面才怕生。在熟悉、安全的环境下，孩子就会非常活泼。也就是说，之所以在外面怕生，是因为孩子觉得还不够安全。在这种情况下，是不适合推着孩子向外走的。

当然，如果能让孩子有机会多接触外人，那么对他是有帮助的。但即使带着孩子出去见亲戚朋友，也千万不要奢望冷静型孩子像乐天型孩子那样，能够很快地跟所有陌生人打成一片，一定要给孩子时间适应新环境。等孩子觉得安全了，自然而然就会与别人亲近，跟别人聊天或者一起玩。

要特别提醒的是，不要拿自己的孩子跟其他孩子做比较。要告诉孩子：你要相信自己，妈妈也相信你，等你准备好了就可以了。

单亲家庭的孩子黏妈妈，怎么办？

下面来探讨孩子黏妈妈的另一种情况——单亲家庭。

有一位单亲妈妈，女儿今年九岁了。前年她和丈夫离了婚，女儿归妈妈抚养。晚上女儿独自在家写作业，当妈妈外出买东西或有别的事情回来晚一些，女儿就会非常担心妈妈被坏人抓走不见了。那么，作为一个单亲妈妈，怎样补足孩子的安全感呢？

这个例子里有个关键的时间点，就是这位妈妈和丈夫离婚时孩子七岁。在孩子七岁之前，两个人的婚姻就已经有了很多问题，他们也一定曾努力想要挽救这场婚姻，结果还是在孩子七岁那年离婚了。可想而知，这个孩子的安全感肯定是不足的。如今，离婚已是既成事实，那这个孩子的安全感问题要怎么处理呢？

前面提到，给孩子安全感，要注意三个方面：第一是妈妈的情绪稳定，第二是处理好夫妻关系，第三是允许孩子做自己。现在，第二方面恐怕是无力挽回了，那就要专注在第一方面和第三方面。

妈妈自己要做到情绪稳定

既然离婚已经成为事实，那么离婚以后妈妈应该如何处理自己的情绪？能否比离婚之前活得更快乐呢？离婚可能会带来很多挫折感，如果妈妈能够把自己的情绪处理得很好，表现得很快乐，情绪稳定，看到这样一个妈妈，孩子就会有很多安全感。

所以对妈妈来说，很重要的一点，离婚与否并不是问题，离了婚以后能否做一个快乐的、管理好自己情绪的妈妈才是关键。想要达到这个目标，妈妈需要做以下几件事。

第一，对自己的离婚做一些梳理。无可否认，离婚一定会带来感情上的伤害，从妈妈的角度来说，常常会有挫败感和羞耻感。建议有负面情绪的离婚妈妈找心理咨询师谈谈，处理好这些负面情绪。

第二，做好经济上的管理。妈妈的情绪是否稳定，其实也和妈妈的经济能力有关。婚姻所带来的不安全感，可能会让妈妈过多地追求物质满足，因而在离婚后面临经济上的问题。所以不要奢望能在离婚后很短的时间里，达到和以前相同的经济状态。要先做好经济上的管理，不逼自己什么都有，有些东西可以延迟拥有。

第三，接纳离婚的事实。妈妈的情绪状态，跟能否接纳离婚的事实有一定关系。离婚，是为了让妈妈、爸爸、孩子都有机会拥有新的天空。对妈妈来说，接纳离婚的事实，是非常重要的。有的妈妈，不管是什么原因导致的离婚，她都完全不能接纳，所以离婚以后有非常多的抱怨。当妈妈抱怨时，孩子是非常没有安全感的，孩子很容易以为妈妈的不快乐和抱怨跟自己有关。特别要强调的是，离婚以后千万不要对孩子说：“如果不是为了养育你，我不会那么辛苦。”如果妈妈常常对孩子诉苦：“我现在生活很辛苦，都是为了你。”那孩子就会认为，自己活在这个世界上是多余的，会让孩子讨厌自己的存在。

所以关于离婚这件事情，一定要清楚地让孩子知道：这是因为爸爸妈妈的婚姻有了过不去的坎，跟孩子无关。而妈妈要做的就是管理好自己的情绪，成为快乐的妈妈。

妈妈要允许孩子独立自主

有些单亲妈妈，因为跟孩子相依为命，为孩子付出了很多，因而产生了一种心理——特别舍不得孩子独立自主。妈妈因为没有安全感，所以很想控制孩子，孩子和妈妈从而形成了不健康的依恋关系——都不独立，也不安全，彼此担忧，充满焦虑。这对妈妈和孩子来说，都是不好的。妈妈给孩子的一个重要礼物，就是放手让孩子高飞。比如孩子需要外出，那就给孩子机会，让他学会为自己负责，准备好自己的衣物、饮食、出行计划等。这会让孩子感受到：妈妈信任我，觉得我是安全的。

总结一下

对于单亲妈妈来说，很重要的两点：

第一，妈妈在离婚后要把自己的情绪处理好——接纳已经离婚的事实，消除离婚带来的挫折感和羞耻感，建立自己的兴趣爱好，尽量让自己情绪稳定。

第二，允许孩子独立自主，不要因为妈妈自身没有安全感，就不让孩子离开自己，不让孩子做自己喜欢的事情。

二胎家庭里的老大黏妈妈，怎么办？

有一位妈妈，大儿子九岁了，小儿子才四个月。自从有了弟弟，哥哥就开始变得叛逆、拖沓，做什么都要大人陪着。而弟弟出生以前，哥哥很少这样。

还有一位妈妈，因为自己精力有限，不能陪老大玩，所以跟老大讲了很多道理，比如"弟弟还小啊，妈妈是爱你的，我们一起来爱弟弟"之类的话，想要安慰老大，可效果却很有限。

二胎家庭里，因为有了弟弟或者妹妹，原本已经不黏人的老大，竟然又开始黏人了。其实老大有这样一些行为，目的就是要妈妈看见他，重视他。

在二胎家庭里，怎样才能让两个孩子感受到同样的重视与爱呢？

不仅是两个孩子的家庭，在有三个，甚至是四个孩子的家庭里，所有的兄弟姐妹在某种程度上都存在竞争关系。只是我们希望，这是一种良性的竞争关系，而不是恶性的。

什么叫作良性竞争关系？我看到其他兄弟姐妹很好，那我也要很好，我会自己努力，而且这种努力不会破坏我和其他兄弟姐妹之间的感情。这是良性竞争关系。

什么叫作恶性竞争关系呢？我会故意去做一些事情，或者故意说一些话，让其他兄弟姐妹受到伤害。比如，我会去打他们的小报告，拉他们的后腿，或者趁爸爸妈妈看不见的时候欺负他们……总之，用一些偏差行为来得到父母更多的关注。这就是恶性竞争关系。当一个孩子觉得自己无法用正当方法得到更多注意时，就会伤害别人——比如打弟弟妹妹，说他们的坏话，故意找他们的麻烦；或者是伤害自己，做出一些让父母觉得厌恶的举动；甚至更严重的情况，让自己的身体生病、受伤，从而吸引父母的注意力。

案例中两位妈妈遇到的，其实还不算是非常糟糕的竞争关系。因为哥哥很明显只是希望妈妈能更多地注意他，用更多的时间来陪伴他。他想要的其实非常简单，就是要确认一件事——“就算弟弟出生了，妈妈还是会像以前一样爱我、重视我”，这样就足够了。他只是需要一段时间来证实这一点。

那么妈妈怎样给予老大重视呢？

方法一：每天给予老大15分钟专注的个人时间。

妈妈不需要对老大、老二做相同的事情，比如怎样照顾弟弟，就怎样照顾哥哥。哥哥需要的，是妈妈能够满足他被重视的需求，妈妈只要每天给哥哥15分钟专注的个人时间就可以了。

在这每天15分钟专注的时间里，妈妈可以做些什么呢？要特别提醒的是，妈妈不要在这段时间里，跟哥哥说类似“我们两个人一起来照顾弟弟”这样的话，因为对于一个非常想要得到重视的孩子来说，这样的话是没有任何意义的。哥哥希望拥有的是自己和妈妈一对一的时间。在这段专注的个人时间里，哥哥完全“拥有”妈妈，爸爸不会来和他抢妈妈，弟弟也不会来和他抢妈妈。

在这15分钟里，妈妈要对老大进行真诚的倾听并给予回应——九岁的孩子是有很多话可以跟妈妈说的，也可以陪他一起玩游戏、读书、做作业等。这些方式都可以，也非常重要。

方法二：和老大一起翻看他小时候的照片。

弟弟出生以后，哥哥能亲眼看到妈妈是怎样对待弟弟的。但是，已经长大的哥哥，一般不记得自己小时候，尤其是三岁之前的事，所以他不知道妈妈为他做过同样的事情。

因此，妈妈可以和哥哥一起，翻看他小时候，尤其是三岁之前的照片，向他讲述照片背后的故事。比如，他出生后第一次笑，是什么样子的；他第一次自己走路，是怎么走的；他第一次唱歌，唱的是什么歌；他第一次去公园里玩，玩的是什么；他拥有的第一辆玩具小汽车，是怎么玩的……多跟哥哥讲讲他小时候的故事。通常一两个月之后，哥哥就不会再去黏妈妈，会恢复到弟弟出生前的状态。这时妈妈对哥哥说，咱们一起来照顾弟弟吧，哥哥很可能会愉快地配合。

哥哥只有确定自己是被重视的，才能够放心地去爱他的弟弟。否则，若妈妈只是跟他说“弟弟还小，你要让着他”，或者“妈妈精力不够，顾不上你”，是无济于事的。

总而言之，哥哥需要确定的是，他像原来一样是被重视的，而这个“一样”并非是给一模一样的东西、受到一模一样的照顾，而是给他一些个人的专注时间，在这个时间里没有弟弟，也没有爸爸，只有妈妈和他在一起，陪伴他，听他说话，和他一起看小时候的照片，回忆小时候的故事。

Q2

胆小被欺负，怎么办？

父母是谁、

父母创造的家庭

氛围是什么样的，

是孩子人格形成的

一个非常重要的部分。

孩子被欺负
却不还手，
怎么办？

孩子被欺负，比如被别人家孩子打了，往往是父母最不容易冷静面对的。很多父母认为，凡是碰到这样的事情，需要孩子毫不犹豫地还击。

到底要不要还击，其实要有很多方面的考虑。比如，自己家孩子年龄多大，打他的人又有多大？所谓“好汉不吃眼前亏”，在孩子和打他的人实力相差很大的情况下，最好的方法就是赶快跑，然后去告诉大人，让大人来帮助他。这种情况下如果孩子直接打回去，有可能受到更大的伤害。所以不能一概而论。

同时，也不能教导孩子走向另外一个极端：不管在什么情况下，都不能还击。这也是不对的。如果孩子无论在什么情况下都不能还手打人，就会让孩子感觉非常憋屈。

特别对于男孩子来说，当他经常被欺负时，有时候真的需要还手，即使打不过也要打回去，男孩子需要有这样一种感觉——我有能力保护我自己，特别是在一对一的情况下。

所以，可以教导孩子：如果别人不动手，我们也绝对不动手；如果别人动手，那么是打回去还是找大人帮忙，需要分辨情况、相机抉择。遇到孩子被欺负的情况，家长不需要太过担忧，因为孩子的社交能力就是从实际冲突中学习和提升的。

孩子年龄比较小的时候和别人有冲突，怎么办？

一般来说，孩子在六岁之前，和同龄或者相差一两岁的小朋友一起玩时，所遇到的各种冲突，比如抢玩具、玩游戏争先恐后等，家长尽量不要去干预，要让孩子自己处理。听听孩子想怎么说、怎么做，如果不妥当，可以教导孩子“遇到这种情况，你可以说……，你可以做的是……”然后退到一边，让孩子自己处理。

哪怕孩子觉得自己说不过别的小朋友，或者对方声音很大，家长也尽量不要干涉。可以在家里让孩子先练习怎样说，引导和鼓励孩子把他内心想要表达的用语言表达出来。通过这样的方式，引导孩子在跟别人的冲突中，学会表达自己，争取自己想要达到的目标。

同时，告诉孩子要尊重自己，自己想要表达的都可以讲出来，但是不要用攻击性、指责性的语言。不要害怕和别人争论，因为争论产生的原因就是“我有一个看法，你有一个看法，我们的看法不同”，双方可以把自己的看法说出来，只是表达看法时，不要用恶毒的、攻击性的语言，这些是需要孩子去学习的。

孩子被其他人联合起来欺负，怎么办？

有时候，在学校里，有些孩子成为好朋友之后，确实会联合起来欺负那些比较内向、孤独、缺乏自信的孩子。比如，在没有任何原因的情况下，他们会突然推某个孩子一把，打他的头，把他按倒在地上，或者抢他的书、笔、书包，这是一种明显的欺负行为。

遇到这种情况，一般来讲，孩子靠自己的能力是处理不了的，因为对方有好几个人，这时需要家长帮助孩子。比如可以先教导孩子告诉欺负他的人："你们这样对我已经很多次了，我对你们的容忍已经足够了，如果再发生这样的事情，我会告诉我爸爸妈妈，他们会来找你们的。"

如果他们漠视这样的警告，甚至变本加厉地欺负我们的孩子，那父母就要去学校找到这些孩子，告诉他们："你们这样对待我的孩子，我已经知道了，我再给你们一次机会，希望你们不要再这样无礼地对待他，要能够和他成为好朋友，甚至可以保护他。如果欺负他的事情再发生，我就会告诉你们的家长，也会通知学校老师去处理。"

父母处理这件事情的过程，也是在向自己的孩子做示范，遇到这样的事情应该如何面对。不要讲一些难听的话，要实事求是地告诉那些欺负自己孩子的人："这样的行为非常过分，十分不应该，是必须停止的，如果再发生，我绝对不会再给你们机会了。"如果这些孩子被劝说以后还是继续欺负人，父母有必要采取行动阻止他们。

孩子经常被欺负，怎么办？

如果孩子确实常常被学校里的同学欺负，说明孩子有可能是平时表现得特别不自信。几个孩子联合起来，通常会欺负怎样的孩子呢？一般上是找比较孤独、缺乏自信、不懂得表达自己的孩子。所以帮助孩子建立自信，是需要父母特别重视的事情。

一般来说，有两种孩子是比较自信的。

一种是父母允许孩子在生活中独立自主，能够为自己的生活做决定的孩子。所以父母不能包办孩子的事情，要让孩子在生活中有一定的自主权。比如，交朋友时，用怎样的态度、选择怎样的朋友、怎样做是比较适合的，这些都可以由孩子自己决定；允许孩子拥有很多选择权利，包括购买自己喜欢的东西、安排自己的活动日程等。父母尽量不要干涉太多，要让孩子根据自己的能力、爱好、兴趣，去做自己能够承担责任的事情，这样的孩子才会比较自信。

另一种是经常被肯定、赞美、认同的孩子。孩子的优点、特点，孩子对家人的小小帮助，孩子好的行为和言语等，都能被父母看见，孩子在家里能够经常得到父母的肯定、赞美、认同，而且是建立在事实上的真心实意的肯定、赞美、认同，孩子就会比较自信。

所以，心理营养足够的孩子可以拥有自信的性格，这样的孩子有两种情况：一种是从小就被允许在安全的情况下为自己负责的孩子，另一种是常能得到肯定、赞美、认同的孩子。这样的孩子是自信的，越是自信的孩子就越不会被欺负，这是从根本上帮助孩子不被别人欺负的最佳方式。

孩子总是迁就避让别人，怎么办？

有一位妈妈，儿子四岁半了，以前几乎不和其他小朋友一起玩。他不知道怎样与小朋友交流，别人叫他的名字，他也经常不回应。最近他愿意和小朋友一起玩了，可是妈妈发现，他总是特别谦让、迁就、避让别人，而且不能坚持自己的想法，有的小朋友总会欺负他，他不知道怎么办，也不反抗，觉得委屈就会扑到妈妈怀里哭。妈妈很心急，也很心疼，不知道怎么办才好，怀疑是不是因为自己对孩子管教太严造成的。

首先来谈一谈一个孩子的人格形成。孩子人格的形成，主要来自两个方面，一是天生的气质，二是后天的培养。

第一，天生的气质。

比如，对于冷静型孩子来说，他们的人生最想要的就是能够与别人和睦相处，能够平平安安、快快乐乐、平静生活。一般来讲，这样的孩子性格温和，非常好相处，如果没有人去招惹他，他自己从来不惹事，几乎不会去做什么破坏性的事情，或者和别人有什么特别的冲突。

这样的孩子，特别在乎的就是安全感。所以他们面对一个新环境时，一定是先观察这个环境里的人，而且会观察足够长的时间。到底观察多久呢？不同的孩子的观察时间是不同的，总之要等到这个孩子觉得非常安全之后，才会跟别人交往。

这个案例中的孩子有可能就属于这一类型。先前他只是在旁边观看，估计已经观察了很长一段时间，现在终于向前迈出了一步，愿意主动跟小朋友一起玩了。这个时候要先去肯定孩子的进步，虽然只是一点点进步。比如告诉孩子："你进步了！你比以前更加勇敢了！我看到你虽然有点怕，但还是愿意跟其他小朋友玩。"然后，引导孩子遇到问题时可以跟妈妈讲，一起讨论如何处理。

第二，后天的培养。

人格的形成来自天生的气质和后天的培养。也就是说，一个人不会完全固定在天生气质里，后天的培养对人格形成是非常重要的。后天的培养指的是什么呢？孩子基本上都在原生家庭里长大，父母是谁、父母创造的家庭氛围是什么样的，是孩子人格形成的一个非常重要的部分。

所以，如果父母希望孩子更加勇敢，面对挑战和被别人欺负的困境时知道该怎么办，那么除了观察孩子的天生气质是倾向于激进型还是冷静型，接纳和尊重孩子的天生气质以外，还可以在后天培养上发力——增加这个孩子的安全感。有安全感的孩子，不仅能够准确表达自己，在面对危险时还知道应该怎样处理，这恰恰是通过家庭的影响能够做到的。简单来说，就是父母怎样培养孩子，对孩子人格的形成具有重要影响。

心理营养有两个部分：一是要给孩子足够的安全感，二是要给予孩子肯定、赞美、认同。一个孩子在小时候能够吸收到很多安全感，又能够被允许去尝试，哪怕犯错、失败，他知道在他的身后有父母支持，不管什么时候，父母都能理解他、肯定他、教导他。一般来说，这样的孩子在人际关系上是最自由的，能够表达自己真正的意愿，又能够勇敢对别人说“不”。

总之，孩子的人格形成主要来自两个部分——天生的气质和后天的培养。父母是否用足够的心理营养来培养孩子，这是关键的问题。面对不同性格、不同年龄、不同情况的孩子，父母要用不同的方式来解决问题。

有一位家长，儿子五岁七个月，性格内向害羞。这位家长说，他能够接纳孩子的先天气质，只是他很担心，孩子不懂得维护自己的权利。比如，别人拿了他的玩具，他虽然也很想玩，但是不敢去要；别人欺负他，他也是逆来顺受，不知道反抗。现在这位家长很担心孩子上学以后会被欺负。怎样才能让孩子学会维护自己，对不合理的事情学会反抗呢？

首先，这位家长能够接纳孩子的先天气质，先给他点一个赞。

一般来说，有两种先天气质的孩子——冷静型和奉献型——被欺负也不会还手，除非别人真的动手打他或者是弄伤他，否则这两种气质的孩子都是得过且过，就这么算了，不会过多计较。

冷静型孩子非常想跟别人和平共处，所以会觉得“反正我没有受伤”，回家也不愿意跟父母讲。

奉献型孩子非常在乎人际关系，而且非常希望别人喜欢他，觉得他是一个很好的人。奉献型孩子愿意付出很多，只要不是万不得已，真的是被欺负得很厉害、身体受伤的话，他们都不会还手。

所以对于冷静型和奉献型孩子，要教导他们学会保护自己，最重要的就是保护自己不受伤。

另外还有三种先天气质的孩子：激进型、乐天型和忧郁型。

激进型孩子有仇必报，如果被欺负是肯定会还手的，所以被欺负这样的问题一般不会出现在激进型孩子身上。激进型孩子常常是你打我一下，我要还你两下。

乐天型孩子就不一定，有可能会说出来，也可能不会说出来。不说出来，一般是因为欺负他的是他非常在乎的人，这样的孩子认为“关系大过天”——如果我跟这个人关系好，不管他怎么对我，我都是可以容忍的。

忧郁型孩子如果被欺负，他们常常会表达，就算不跟家人表达，也会用自己的方式去表达。

因此，了解孩子的先天气质是非常重要的一件事。比如案例中的这位家长，他能够接纳孩子的先天气质，接纳他的内向和害羞。当然他也提到，担心孩子被欺负，想知道怎么教导孩子维护自己，对不合理的事情学会反抗。

其实，五岁多的孩子，还无法从道理上分析一件事情到底是不是合理的。对这个年龄段的孩子，我们需要教导他的是两件事。

第一，要让孩子分清楚这个东西到底是自己的还是别人的。

如果是孩子自己的东西，那就告诉孩子，你有权利对自己的东西做出决定。比如一个玩具，别的小孩喜欢玩，那么问问自己的孩子：你愿意让他玩吗？凡是属于孩子的，不管是他的时间、玩具还是故事书等，孩子自己都可以做决定。父母不要武断地告诉孩子：“别人抢你的东西，你一定要抢回来。”或者“一定要让别人马上还给你。”这样教导孩子是很危险的。孩子自己的东西，就让他自己来做决定——我要不要跟这个人说，我要不要拿回来，等等。

第二，要让孩子明白，自己做了决定是要承受后果的。

孩子做决定时要拿捏的度，主要是看孩子自己的感受。比如玩具被别人抢走了，如果孩子自己非常不开心，就要教导孩子，即使无法把玩具要回来，至少也要告诉抢玩具的孩子：“这是我的东西，你不可以这样做。”这需要孩子用自己的感受来做判断。

判断一件事情是否合理，需要分析很多因素，孩子在这个年龄一般还无法理性地分析，除了通过自己的感受做判断，还可以根据别人的情绪来判断——比如对方现在的情绪是怎样的？是让他先玩一会儿再告诉他“我让你玩一会儿，然后你要还给我”，还是马上告诉他“现在就还给我，不然我会告诉老师”？如果真的去跟他要回玩具，可能会发生什么事情？应该怎样表达自己的意思？如果别人就是不归还玩具，应该怎样做？孩子为人行事，都可以通过自己的感受和别人的情绪来做判断。

总结一下

第一，要了解并接纳孩子的天生气质。

第二，要教导孩子：什么东西是你的，你有权利支配；什么东西是别人的，别人有权利支配，要分清一个物品是“你的”“我的”还是“他的”，要有非常清晰的界限感。

第三，你的东西，就算你有权利支配，也要根据自己的感受和对方的情绪，选择要做什么，怎么样去做。

熊孩子欺负人，
熊家长护短，
怎么办？

有一次在国外，在一个专家宿舍里，有一个五岁的男孩，他的妈妈就在旁边。然后一个大约两岁的小女孩过来玩，这个男孩一把扯住了小女孩的头发，扯得很用力，小女孩马上就哭起来了，但是男孩的妈妈袖手旁观，一句话都不说。当时我正好路过，就走上前把这个男孩拉开，非常严肃地对他说："以后如果再让我看到你扯这个小女孩的头发，我会打你的。"这个男孩马上跑到他妈妈身边。然后我就带着这个小女孩（其实不是我们家的孩子）让她回家去了。

有一种孩子被称为"熊孩子"，这类孩子的父母则被称为“熊父母”。如果熊孩子调皮、欺负别人，熊父母就装作看不见；如果别的家长训斥熊孩子，熊父母就会跳出来，说自家孩子还小，不懂事，没关系的……碰到这样的熊孩子、熊父母，应该怎么办呢？

这要看别人家孩子所谓的调皮、欺负是何种情况。如果这个孩子只是说话很凶，或者只是抢玩具、抢东西，那么我的建议是：先看看我们的孩子怎么表达自己的意愿，他想怎样处理，处理得是否恰当。可以先让孩子体验一下，当有人欺负他时他要怎么做，这样做了以后他的感觉怎么样。然后父母再教导孩子，下次遇到这样的情况，可以怎么办。

如果对方欺负人的情况比较严重，比如捏孩子的脸、扯孩子的头发、打孩子的头等伤害性的行为，同时因为孩子比较善良，个子相对比较矮，或者年龄比较小，而没有办法去反抗，这时家长就要出手去阻止欺负人的孩子了。

当然，阻止的时候要谨慎。因为要训导的是别人家的孩子，而他的父母又在旁边——我们都知道，任何一个孩子的父母，即使自家孩子做错了事，听到别人批评时都会不高兴。所以训导的时候要非常小心，讲话的语气可以是气愤的、有力量的，但是措辞上一定要注意，不要出口伤人，不要攻击和贬低别人家的孩子和父母。比如不要说“你爸妈没有教你吗”“你怎么这样没有教养”“你真是坏孩子”之类的话。最好实事求是地说：“孩子，你刚才所做的，我都看见了，你的行为是伤害性的，是不恰当、不被允许的，以后你不可以再这样做。”

当然有可能即使我们这样说了，对方的父母还是会跳出来说：“我家孩子还小，不懂事，没关系的。”我们可以说：“我是觉得这非常有关系，才对您说的，如果觉得没有关系，我也不会说。”这样说完以后，也别奢望对方父母会欣然接受。毕竟，做父母的看到自家孩子被别人批评，心里肯定是不舒服的。要有这样的心理准备。

孩子乖巧胆小害羞
处于弱势，
怎么办？

有一位妈妈，女儿五岁了，在上幼儿园之前以及刚上幼儿园时，好像不知道怎么跟其他小朋友玩。现在有几个小朋友经常和她一起玩，她还是这些孩子中最乖巧的一个，别人的玩具她总是玩不到，而自己的玩具常被别的小朋友玩，她总想求助妈妈。另外，她遇见叔叔阿姨时从不打招呼，并不是没礼貌，只是特别胆小，很在意别人对她的注意。

其实，胆小、内向的孩子还是比较多的。

对于这类孩子，父母一定要有耐心。比如，在称呼长辈方面，如果别人跟你说：“你家孩子怎么不叫人呢，是害羞吗？”你千万不要跟着别人一起说：“是啊，我们家孩子太内向、太害羞了，在家里还挺健谈的，到了外面就不好意思说话了。”你可以尝试这样说：“她并不是害羞，她只是还没有准备好，等她准备好了就会主动说了。”这样说，是让孩子知道，我们做父母的能理解她，也支持她。所以，千万不要在别人面前批评自己家的孩子胆小、害羞，越是被批评，孩子越不敢做，即便说什么，也是回家再说。在外人面前，如果自家孩子没有做出伤害性的行为，那就简单讲明，我家孩子其实挺好的，只是还没有准备好，这样就可以了。

另外，父母一定要关注自己家孩子能够做到的事情，对孩子的每一次进步，哪怕是小小的进步，都要真心真意地去欣赏、肯定。想要孩子往哪个方面发展，在他做得到或者是有一点点进步时，一定要肯定赞美孩子。

要注意的是，不要一直盯着孩子有没有达到父母心目中的目标。如果孩子没有达到这个目标，父母就指责孩子，或者不断地担心和焦虑，这样对孩子的学习和成长一点好处都没有。

比如案例中的这个孩子已经五岁了，以前不会和小朋友玩，也不知道怎么和别人一起玩，现在已经有了几个小伙伴，能够经常一起玩。对此，妈妈反而一直担心，自己家的孩子太乖巧了，玩不到别人的玩具，自己的玩具却被别人玩，感觉自己的孩子吃亏了。不玩别人的玩具，重要吗？其实一点都不重要。自己的玩具被别的小朋友玩，有问题吗？如果孩子自己不介意，她的玩具被别的小朋友玩，那完全是可以的，这也没什么问题。

父母要做的，就是一次又一次地鼓励孩子。比如可以告诉孩子，以前她一个朋友都没有，也不懂得怎样和其他小朋友在一起玩，而现在她能够和其他小伙伴一起玩，这已经是很大的进步。通过反复地告诉孩子：你现在会和别人一起玩了，你现在懂得怎样跟别人说话了，你现在可以跟别人分享了……那么孩子就会慢慢进步。

所以首先要做的，是看看孩子能够做到什么，然后用行动、语言真心真意地对她的每一点进步给予明确的肯定："看，你今天又进步了。"你会发现，自己的孩子会越来越好。

如果孩子真的因为玩不到别人的玩具而不开心、很想玩别人的玩具，那么父母可以教导孩子怎么说、怎么做。但是如果孩子自己不愿意做，也不愿意说，建议父母不要帮孩子做，比如不要帮孩子去跟其他小朋友说“能不能让我玩一下”之类的话。

这是孩子学会适应社会的阶段，如果总有父母出手帮忙，孩子就会学得很慢，孩子力所能及的事情，要由孩子自己来负责。要告诉孩子，如果你不愿意主动说“能不能借给我玩一下”，那么别人就不会知道你想要玩，也不会主动给你玩。如果孩子不敢说，那就告诉孩子“等到你敢说了再去说”。父母不要批评孩子“你怎么这么胆小呢”，也不要帮孩子做，只是告诉孩子这是她自己的事，她一定要学习如何为自己想要的负责。

至于孩子的玩具要不要分享给别人玩，可以由孩子自己来决定。如果孩子不愿意分享，我们可以告诉别人“她还想玩一会儿”，或者“你玩一会儿以后，就要还给她了”。

从这个过程中，孩子可以学会接受延迟满足或拒绝，以及延迟满足别人的期待，这都是自然而然的。因为没有伤害性事件发生，所以不需要父母出手帮助。这样孩子慢慢就能学会怎样跟其他小朋友相处。玩具是否给别人玩，真的不重要，而孩子的社会化——能够与别人顺畅地沟通，准确表达自己的意思，才是最重要的。

Q3

不会交朋友，怎么办？

连接，

是孩子的天性。

阻止孩子和他人连接的，

是他对陌生环境的害怕和不确定。

孩子不主动和别人一起玩，怎么办？

人有五大天性，其中心理上的天性是人都需要和其他人连接，天性会推动我们在这个世界上至少找到一个人，不管是身体、心理还是感情，都希望和这个人进行连接。

一般来说，当一个孩子得到足够的心理营养，健康成长时，和他人的连接是没有问题的，人际关系会比较良好。

当然，因为天生气质不一样，有些孩子特别喜欢和人交往，需要交很多朋友才觉得快乐；也有一些孩子不需要交这么多朋友。但无论是外向还是内向，也无论是哪种天生气质，孩子都需要和他人连接和交往，避免因连接得不到满足而带来的孤独感和寂寞感。

和他人的连接，对一个人的自信和快乐都非常重要。

如果孩子不能或者不会和其他小朋友一起玩，不会交朋友，那该怎么办呢？

有一位妈妈，女儿两岁五个月。在朋友聚会上，比自己女儿小的孩子，都能够和其他大姐姐打闹玩耍，玩得非常开心。自己的女儿只是站在旁边看别人玩，不愿主动跟其他小朋友一起玩，但是妈妈叫她走，她又不肯离开。所以妈妈非常纳闷，为什么女儿只站在旁边看，想玩却不去和别人玩呢？

碰到这种情况，可以从三个方面来应对。

第一，循序渐进，从交一个朋友做起。

孩子可能是因为到了一个陌生的环境，遇到的人她一个都不认识，所以感到陌生和害怕。在这种情况下，如果父母看到自家孩子比较内向、害羞、保守，没有那么多冒险精神，可以用一种循序渐进的方法，先打破孩子对环境和人的陌生感。简单来说，就是从简单的事情做起——比如先交一个朋友，慢慢再结识两三个朋友，孩子就能逐渐融入更大的群体了。

比如，父母可以刻意在左邻右舍或者幼儿园的小朋友中选一个孩子，这个孩子的性格是比较大方、包容的，不会粗暴地对待其他小朋友，人际关系比较好。可以去观察这个孩子、跟他聊天，再邀请他跟自家孩子一起玩。自家孩子看到，爸爸妈妈已经跟这个小朋友打过交道了，很好相处，就会愿意跟他一起玩。

交到一个朋友以后，可以让孩子主动邀请小朋友来家里玩。在熟悉的环境里和新朋友一起玩，可以慢慢增进友谊。和新朋友熟悉后，可以通过这个小朋友，介绍和邀请其他小朋友来玩，孩子的朋友就会越来越多。

关键有两点：第一，先从认识一个朋友开始，这个朋友可以是邻居小孩，也可以是幼儿园相识的小孩；第二，先从孩子比较熟悉的地方——比如在自己的家一起玩开始，然后可以去熟悉的小朋友家里一起玩。

连接，是孩子的天性。阻止孩子和他人连接的，是他对陌生环境的害怕和不确定，所以可以用这种循序渐进的方法，让孩子逐渐能够和越来越多的人交往。

如果孩子比较胆怯或者退缩，需要先建立一个相对比较安全的环境，对他来说，至少要有一个因素是确定的——在安全的环境中或者有安全感的人在身边，然后他才有勇气去冒险，在不太确定的环境里和不太熟悉的人交往，这需要一段时间。

第二，多带孩子参加朋友聚会，给孩子创造更多适应新环境的机会。

第三，父母自身不要包办太多，也不要过于严肃。

不管是内向还是外向的孩子，只要孩子的心理营养足够，交往能力就没有问题，只是内向的孩子需要花更多的时间。如果发现孩子在人际关系方面的确有障碍，那么父母就要审视自己的教育是否出了问题。

什么样的父母会导致孩子在人际交往上出现障碍?

一种是包办太多的父母。如果父母总是给孩子做安排，帮孩子做选择，那么孩子人际交往能力的发展一般会比较慢。因为他们在日常生活中没有得到足够的自由可以为自己做一些选择，这样的孩子遇到陌生的环境和人时，就会比其他孩子更容易退缩。

另一种是太过严厉的父母。这类父母对很多事情有太多教条，对孩子的管教特别严厉，使孩子在人际关系上更加害怕、退缩、孤僻，不敢和别人太亲密，以减少自己的情绪问题，避免被父母指责。

所以，如果看到孩子在人际关系上不像其他同龄孩子那样愿意主动连接，甚至比性格内向的孩子更容易退缩，那么父母要检视自己，是否包办太多，或者对孩子太严厉了。

总的来说，影响孩子人际关系主动性的主要因素是安全感。有安全感的孩子，在人际关系主动性上只有强弱之分，但是不会有问题，多给他一点时间，他自然而然就会主动跟别人连接。除了在家里给孩子补足安全感心理营养外，还可以从熟悉的环境、熟悉的人开始，给孩子更多安全感，帮孩子更好地与人连接，学会和新的朋友交往。

孩子既想和小朋友玩又害怕，怎么办？

有一位妈妈，儿子快三岁了，是个比较敏感的孩子，不喜欢和小朋友一起玩。妈妈带他去早教机构上课，因为教室里有小朋友，他就拒绝进教室，可是回到家之后又吵着要去上早教课。妈妈感觉儿子非常矛盾，内心很想去上课，却又有所顾忌，那么该如何引导他呢？

一般来说，不满三岁的孩子还没有完成内在建设，安全感不足，还没有达到可以跟家人分离，尤其是和重要他人——妈妈分离的阶段，所以这个孩子去早教班时拒绝进教室，必然是因为觉得不安全和害怕。他看到教室里有不认识的小朋友时不愿意走进教室，但是回家以后又说想去，其实这是他对教室和其他小朋友友好、正向的反应，说明他有兴趣参与，只是还没有到可以离开妈妈，去和别的小朋友一起玩的程度。

在这种情况下，妈妈可以用循序渐进的方法来帮助孩子适应新环境。比如，妈妈可以带着他慢慢去熟悉陌生的小朋友，哪怕他只是安静地站在旁边逐渐熟悉环境——先熟悉教室，再熟悉教室里的其他小朋友，然后去观察这些小朋友之间互动的情况。妈妈可以观察一下，教室里哪个小朋友友善随和，更容易接纳其他人，就坐在这个小朋友身旁，让自己的孩子坐在另一边。先让孩子看到妈妈怎样跟这个小朋友互动，感受到这个小朋友能够友好接纳其他人，观察这个小朋友如何跟别人互动，再邀请自己的孩子跟这个小朋友进行交流互动。

实际上，孩子还没有达到可以完全离开家的程度，他愿意去教室就已经非常好了。所以不要奢求孩子一下子进步太多，孩子每天只要有一点点进步，越来越能接纳陌生的小朋友就可以了。周末在家时，可以邀请邻居家孩子来做客，也可以经常带着孩子去邻居家串门，这样孩子就会更容易接纳家庭以外的人。

孩子不懂得维护自己的权利，怎么办？

有一位家长，有两个女孩，姐姐五岁，妹妹两岁。姐姐先前是由别人代养的，没有在父母身边长大，所以内在能量不足，不太懂得维护自己的权利。有了妹妹以后，父母在一个老师的建议下，通过明确玩具的所有权，帮助姐姐增强维护自我的意识。

妹妹一岁半之后，会抢姐姐的玩具或者去触碰姐姐，导致冲突事件频繁发生。姐姐只是大声喝止、责怪妹妹，但不敢还手，也不敢使出力气跟妹妹抢，所以还是抢不过妹妹。

家长注意到，可能是冲突发生时大人常说“大的就应该让着小的”，这种态度影响了姐姐，导致姐姐不敢维护自己的权利，所以近期调整了态度，鼓励姐姐制止妹妹，对妹妹直接还手。但是姐妹之间的冲突更激烈了，姐妹俩经常因为抢玩具闹得不可开交，感觉都不像一家人了，这让家长很是苦恼。

这位家长说，有很多二胎家庭并没有这样极端的物权划分，比如只区分物品的所有权，而不区分使用权，姐妹俩都可以玩；或者家里的玩具全都公用，谁先拿到谁先玩。他感到很困惑，到底是否应该明确物品的所有权，如果应该明确，那正确的做法是怎样的？

一般来说，确实可以通过明确玩具或者其他东西的物权，来帮助孩子增强维护自我的意识。但是也不要走极端，不是所有东西都需要明确划分物权。

对于孩子非常在意的一些东西，刚买回来时就要明确：姐姐给一个，妹妹也给一个；或者给姐姐某一个，给妹妹另外一个。对有些东西要特别说明“这个是你的”，让孩子明确知道这是谁的。如果不是自己的玩具，想要玩就不能去抢，只能请求别人同意或者拿自己的玩具去交换。

交换玩具或者请求别人“我很想玩，能不能让我玩一下”，是为了让孩子有界限感，形成一种意识：有些东西是我的，而另外一些东西是你的。当然，妹妹才一岁半，也许不太能明白“这个东西是我的，那个东西是你的”，因为“我的、你的”这种概念，一般要到四岁以后才能真正理解，所以跟一岁半的妹妹去谈这个问题，恐怕无法让她真正明白所有权的含义。

但是这对于五岁的姐姐是有帮助的，会让姐姐意识到：“原来有些东西是我的，我拥有它的所有决定权，如果我不愿意，那么别人包括我妹妹，都不能抢我的东西，除非征得我的同意。”在这个案例中，明确物权对姐姐的帮助更大。可以教导姐姐，让她能够温和地坚持所有权，以及什么东西可以坚持所有权。凡是属于她自己的东西都可以坚持，但是属于妹妹或者其他人的东西，就不能说“我一定要把它抢过来”。

当然，并非所有的玩具都必须这样明确归属于谁。一般来说，有一些玩具可以特别明确属于姐姐或者妹妹，谁想要玩就要得到允许；还有更多玩具是“公共的”，属于全家，谁想要玩都可以玩，就看谁先拿到，并且每次只能拿一个玩，直到不想再玩时才可以拿别的玩，不能够同时玩好几个玩具。

这其实跟社会的模式是相通的。在成人社会中，有些东西是属于“我的”“你的”“他的”，但也有一些东西大家都可以用，用时要讲究公平原则，轮流使用，不能霸占公共物品，将公用挪为私用。这样以家庭为单位模仿社会规则，从东西的所有权来说就是：既有我的东西，也有我们的东西。在这个前提下，要让孩子知道：即使这个东西是我的，但是分享出去，一份快乐就能变成双倍的快乐。

“这个是我的”“这个是我们的”“分享很快乐”，在孩子很小时，可以通过一些日常小事教导孩子形成这种意识。

比如，这本书是我的，我阅读以后感到很快乐，如果我分享这本书给另外一个人看，那他也会很快乐。通过分享，让更多人受益，同时也让自己增加很多快乐，这样的价值观需要在家庭里多多推动。平时妈妈可以示范如何分享，比如“这个东西很好吃，我分一个给你吃”“这个玩具很好玩，我玩过以后也让你玩”“我很快乐，我也希望你快乐”。

孩子受欺负
逆来顺受，
怎么办？

有一位家长从小就教导女儿，不要跟小朋友争吵、打架，即便是别人不讲理，也不要发生直接冲突，而且绝对不能动手，要把情况告诉大人。上小学一年级时，女儿被同桌欺负得很厉害，告诉了老师，但是当时老师误解了她，从此女儿就逆来顺受，即使被别人欺负得很惨也完全不反抗，而且回家也不告诉父母。直到现在，女儿已经十七岁了，这位家长才知道当年的事情，非常后悔当初的教育不当，以及对孩子的忽视。他很困惑，孩子小时候受的欺负，现在是否仍然对孩子影响很大呢？应该怎么教育十七岁的女儿呢？

对于这个问题，首先要关注现在的女儿是怎样的一个孩子。

如果现在孩子的“五朵金花”开得很好，在人际关系方面没有问题，在安全感、独立自主方面也没有问题，说明这件事虽然可能对孩子有一点伤害，但是孩子已经慢慢成长，跨过了那道曾经伤害她的坎。她可能已经明白，当时发生的事情是那个欺负她的孩子出了问题，而且她自己可能也领悟到，如果再碰到同样的事情，她可以做些什么。

过去发生的事情，并非一定会影响孩子，到底是否会给孩子带来很大影响，主要看现在她的人际关系如何，她和别人交往时是否自信。如果孩子在交友方面存在一些困扰，比如当人家对她不友善或者欺负她时，她不太清楚如何表达、维护自己，那么父母可以教导她一些方法，比如告诉她：“你现在已经长大了，可以告诉别人，别人做什么、说什么会让你觉得不舒服。”

面对喜欢欺负人的朋友，孩子可以有两个选择：

一是不要花时间和精力在这个人身上，直接远离这个人。对于那些想要欺负你的人，不需要跟他争论什么，远离就好，让他们尝到被厌恶的后果——如果他们的态度不友好或者欺负别人，别人完全可以忽略和漠视他们。

如果这个人是孩子在乎的朋友，有时候会做一些让孩子非常不舒服的事情，但是孩子又非常在意这份友情，那就教导孩子学会“一致性沟通”——表达自己时尽量不要去指责对方，但也不用讨好对方，可以直接这样说：“当什么事情发生的时候……我觉得……我希望……我相信……”

第一句讲：“当什么事情发生的时候……”

第二句讲：“我觉得……”比如：“当你没有征得我的同意就直接拿了我的东西去用时，我会觉得不舒服。”

第三句讲：“我希望……”比如：“我希望，如果你想要借用这个东西，可以先来问问我。”

最后一句讲：“我相信……”这句一定要讲正面的东西，比如：“今天我之所以会告诉你这件事情，告诉你我的感受和期待，是因为我相信我们的友情能够走很远。”“我相信，如果你能够先征得我的同意，我非常愿意借给你。”总而言之，最后一句必须是正面的。

所以，我们的孩子，特别是那些比较善良、内向的孩子，要学会用一致性沟通的方法来和别人沟通，否则他和别人的友情不会长久。

最后，如果经过这么长时间，一年级时发生的受欺负事件，对孩子的影响仍然很大，那么可能就是一个创伤事件，需要寻求专业的心理咨询师的帮助。孩子现在能够主动告诉家长，说明这件事情可能已经过去了，家长只要尽量倾听就可以了。

孩子拒绝跟别人一起玩，怎么办？

有一位妈妈，带着三岁的大宝到楼下玩滑板车，一个五岁的女孩过来说：“我可以跟你一起玩滑板车吗？”大宝回答：“不可以，我不跟你一起玩。”妈妈就跟小女孩说：“弟弟还没准备好。”之后小女孩又过来了两次表示想要一起玩，可是大宝依然说“不可以”。妈妈认为应该尊重自己的孩子，不能强迫他分享。因为这是他的滑板车，他不愿意分享就不分享。但是妈妈总感觉有点不好意思，而且很困惑应该如何问大宝才能知道他不想一起玩的原因。

首先要肯定这位妈妈，能三次允许孩子拒绝别人。孩子不愿意分享，妈妈允许他这样做，这一点做得非常好。

孩子确实需要一点时间来肯定自己的所有权，这是建立界限感非常重要的方法。如果孩子非常不愿意把自己的东西借给别人，或者坚持不跟别人一起玩，那就不要勉强他。这样孩子从小就知道，他的东西、意愿能够被尊重。清楚地知道哪些东西是我的，对于我的东西我有权利支配，这对孩子来说非常重要。

当然，一方面要让孩子明确知道有些东西是他的，另一方面也要让孩子知道分享是一件非常美好的事情。在适当的时候可以鼓励孩子，把自己的玩具借给别人玩，跟别人一起玩，或者交换玩具玩。

这个案例中，孩子表示不愿意一起玩，妈妈就对小女孩说“弟弟还没有准备好”，这样讲已经足够，不需要讲其他的，因为小女孩也要学习“可以被拒绝”——虽然我有一个意愿，但别人并非一定要答应我、满足我。其实，这个小女孩做得也很好，她没有来抢玩具或者强迫弟弟跟她玩，而是一次又一次地询问，她也是在学习或者体验尊重别人的意愿。大宝没有恶意，只是不想跟小姐姐一起玩，他也在学习和体验自己的所有权。这对双方来说都是有所收获的。

至于大宝为什么不想跟小姐姐一起玩，妈妈可以回到家问大宝，比如：“今天妈妈看到你不愿意跟别人玩，为什么呢？为什么姐姐这么有礼貌地过来问了你三次，你还是不愿意呢？”不管孩子怎么说，倾听就可以了，因为原因并不重要。

孩子三岁时要在社会关系里做各种尝试，妈妈要做的就是允许孩子进行这样的尝试和决定。不管孩子说了什么、做了什么，父母都要接纳。

当然，也可以问问孩子，下次如果有别的小朋友再想跟他玩时，他能否尝试跟对方分享玩具。引导孩子去体验分享的快乐。

自己觉得很好，又能够帮助别人，让别人也能从中得到很多快乐，这本身就是一件非常美好的事情。因此，可以鼓励孩子分享，但原则是不强迫，只是引导孩子。至于孩子不想分享的原因是什么，并不重要。如果孩子屡次拒绝分享，妈妈也不要觉得不好意思，这是孩子学习社会化的一个重要过程。

孩子不分场合喜欢拥抱别人，怎么办？

有一位妈妈，儿子七岁了，很喜欢拥抱别人，不分场合，也不管别人是否愿意，甚至有一次因此导致别的小朋友受伤。平时别人和他说话时，他的眼神非常游离，不会看着别人。现在妈妈已经有了第二个宝贝，爸爸又经常不在身边，不怎么管孩子。这位妈妈问，对七岁的儿子应该怎么办呢？

这个七岁的男孩，很有可能属于乐天型孩子。

乐天型孩子，非常渴望在身体上和别的小孩或者大人相互连接。这类孩子，如果在家里很少有机会跟爸爸妈妈进行身体接触，比如拥抱、牵手等，就会产生一种“皮肤饥渴”，不知道怎样跟别人进行适当的连接。这个七岁的男孩，爸爸常常不在身边，所以很少有机会跟爸爸互动。他非常喜欢拥抱别人，不管是谁，不管什么场合，也不管别人是否愿意，那么很可能跟妈妈的身体接触也是不足的，才导致孩子在与他人身体的连接上失去了分寸。

所以，建议妈妈一定要多跟孩子拥抱，哪怕孩子现在拥抱的方式妈妈不太适应，比如抱得太紧，抱得太多，抱的时候太过热情，而妈妈本身可能不是那么热情的人……孩子要抱妈妈的时候，妈妈最好不要拒绝，而且一定要多多主动拥抱孩子。

在拥抱孩子时，妈妈可以教导孩子，怎样拥抱是比较舒服的。可以引导孩子拥抱的时候采用不同的方式，比如一下子冲过来用力地给一个熊抱，或者是缓缓地走过来给一个轻柔的拥抱，问问孩子，不同的拥抱方式给他的感觉是怎样的。父母还可以用力地去抓孩子的手，然后非常温和地把手搭在孩子的手上，或者轻轻握着孩子的手，让孩子感受一下，哪种方式会让他感觉更舒服。

总之，要在肢体接触上让孩子体验不同方式的差异，既满足孩子在皮肤上和别人连接的需要，又能够让他学到和别人相处的适当方式。

还有一个问题，就是在跟别人交流时，这个孩子的眼神非常游离。既想拥抱别人，而眼神又非常游离，说明孩子在人格发展上还是比较危险的。现在孩子已经七岁了，如果妈妈不注意，孩子整个上学阶段就会有很多麻烦。妈妈一定要给孩子足够的心理营养，同时要接纳他的性格——非常注重人际关系，常常通过肢体接触的方式表达人际关系，同时非常需要别人的注意。这就需要妈妈和孩子多说话，多拥抱。

第二个宝宝已经到来，妈妈一定非常累，但是无论如何一定要记得多多关注老大，不能因为老二的到来就忽略他。这个孩子的眼神经常游离，就是一个非常需要妈妈注意的信号。妈妈要给老大专注的、单独陪伴的时间，每天15~30分钟即可。可以玩一些肢体碰撞的游戏，比如让孩子走远再让他跑过来，然后一把抱住他。通过玩这个游戏，孩子能够感受到，妈妈跟他是连接的，妈妈是喜欢他的，这对孩子的帮助会非常大。

孩子常常被
排斥孤立，
怎么办？

有一位家长说，孩子已经十七岁了，不擅长人际交往，常常被排斥、孤立，孩子因此有很多负面情绪，应该怎么办呢？

在孩子17年的生活中，不管是在家里还是学校，如果常常被其他同学排挤，都会带来很大的挫败感，而这种挫败感很容易演变为愤怒。那些非常容易愤怒的青少年，很多时候掩藏的就是挫败感。这种挫败感来自父母和同学不恰当的对待。

在家长对这个孩子的短短描述中，可以看到这个孩子的“五朵金花”都没有开放。他的第一朵金花——爱的能力在内心是有的，但是无法在人际关系里把温暖和爱表达出来，也没有办法收到别人的爱，所以才会在人际关系里面对这么多问题。他的第二朵金花——连接的能力肯定很弱。第三朵金花——价值感也肯定是不足的。这个孩子在外面一直被排挤，在家里一定也受到了很多批评。因为那些在家里常常被肯定的孩子，相对比较阳光，而阳光开朗的孩子在朋友圈里一般比较受欢迎，在学校不太会被排挤。他的第四朵金花——安全感也不会好多少。最大的安全感来自孩子相信自己不比别人差，相信别人可以做到的自己也能够做到。如果在学校中常常被排挤，他怎么会相信自己和别人一样好，又怎么会信任自己呢？他的最后一朵金花——独立自主同样如此，所谓的独立自主并非一个人独来独往，而是一个人能自己做选择并为自己的选择负责任。

孩子的五朵金花都没有开时，一定会产生很多负面情绪。如果是比较有能量的、外向的孩子，就会攻击别人；如果是比较内向的孩子，就会退缩逃避。无论是攻击还是退缩，都不是好的应对方式。

五朵金花不开，说明孩子从父母那里吸收的心理营养严重不足。以下几种父母较难给予孩子充足的心理营养。

第一种是追求完美的父母。完美主义的父母，批判性强，总会看到孩子做得不好、做得不足的地方，很难肯定、赞美、认同孩子。

第二种是非常强势的父母。强势父母的特征就是“只有我说，没有你说”。父母说什么，孩子只能听从，不能有自己的看法和意见。这会伤害孩子的价值感，伤害孩子独立自主这朵金花。

第三种是包办一切的父母。包办的父母一般也是非常焦虑的父母，为孩子做所有的决定，或者孩子做什么都要在自己非常细致的指导下进行，才觉得安心。所以包办一切的父母，多是没有安全感的父母，养出的也通常是没有安全感的孩子。

第四种是非常冷漠的父母。有些父母因为自己成长经历的缘故，对孩子虽然有很多爱，但是无法表达出来，相对来说表现比较冷漠。孩子对父母有亲密的需要时，父母无法给予回应，常常让孩子感觉父母不愿意亲近自己。而孩子没有办法分辨出冷漠的背后是有爱的，以为父母冷漠是因为“我不可爱，我没有价值”。所以面对冷漠和拒绝的父母，孩子的价值感就会大大降低。

第五种是太忙碌的父母。他们把孩子交给别人养育，孩子没有办法、没有机会、没有时间跟父母产生足够多的连接，就会觉得自己被忽略了，而经常被忽略的孩子，在内心深处也会觉得自己不可爱，觉得自己没有价值。

所以，面对这五种类型的父母，孩子常会觉得心理营养不足，从而产生很多负面情绪，于是天性的金花就无法盛开了。

孩子融入环境比较慢，怎么办？

有一位妈妈说，女儿今年四岁了。每次进入一个新环境，不论是否熟悉，女儿都要很久才能融入，见到别人，不论是否认识，都不爱打招呼，好像很害羞，而一旦熟悉以后又会玩得非常疯。听到别人称赞妈妈漂亮时，女儿就会说："妈妈，难道我就不漂亮吗？"听到别人称赞另一个孩子很聪明时，女儿就会问："难道我不聪明吗？"妈妈称赞其他孩子很勤劳时，女儿会问："妈妈，难道我不勤劳吗？"妈妈说，女儿说话做事速度都很快，有时候根本听不清楚她说的是什么。妈妈很想知道，女儿到底属于什么气质，应该怎么引导。

融入环境比较慢，其实是性格的原因。一般来说，比较内向的孩子进入一个陌生环境，确实需要较多时间才可以融入，而且比较害羞，也不爱打招呼。他们最需要的就是熟悉环境，一旦熟悉了就能够完全放开自己。这类孩子的社交能力、专注能力一点问题都没有。性格谨慎小心的孩子，融入的时间比胆大的孩子略长一点，这真的不是问题。胆大的孩子固然有更多冒险精神，但是胆小的孩子三思而后行更让人放心。所以父母不用焦虑，接受孩子的天性就好，引导胆大的孩子有更多安全意识，给胆小的孩子足够的安全感。

孩子质问“难道我不漂亮/难道我不聪明/难道我不勤劳吗”，这是很正常的。因为四五岁是孩子自我意识开始觉醒的阶段。这个阶段的孩子最想知道的，就是我自己到底是个怎样的人，我和别人是不是一样好。这是一个非常自然的自我探索过程，只是有些孩子没有说出来。妈妈其实不用那么担心。

每种天生气质都会在孩子身上有所表现，只是占比多少的问题，一定有一种天生气质占比最多。孩子谨慎小心，并不意味着做事说话就不能够快，因为孩子有可能既是冷静型又是忧郁型，而忧郁型孩子做事比较快。因此父母不能单从孩子的一次行为或者语言就给孩子贴标签。要学习接纳孩子的天生气质，不管孩子是外向还是内向，不管是乐天型还是忧郁型，父母都要接纳。父母要观察孩子，关注他的天赋，帮助孩子在擅长的方面做得更好，至于孩子比较缺乏的气质，可以刻意地后天培养。孩子在面对不同的人、不同的情况和事件时，有很丰富的资源可以去应用，这才是最重要的。

Q4

内向被动不爱表现，怎么办？

父母要关注孩子
在人际关系上的每一次努力，
不管尝试的结果怎样，
都要肯定、赞美、认同孩子。

孩子内向胆小不爱表现，怎么办？

内向和外向都属于人的天生气质。人格的形成主要来自两个部分，一是天生气质，二是后天培养。五种不同的天生气质，大致可分成两大类：一种是内向气质，一种是外向气质。

说孩子“内向胆小”其实是有问题的，因为其中包含了对内向孩子的排斥。很多人觉得孩子内向不好，我想特别强调的是，从天生气质来说，内向的孩子有内向的优势。因为内向的孩子人格比较沉稳，思考比较周密，需要完备的计划、十足的把握才会去做事，所以内向的孩子没有那么积极主动，是因为他需要先观察，对陌生的人和环境有更多了解。

内向不等于胆小。真正天生气质内向的孩子，内心是非常强大的，只是不像外向孩子那样，能在很短的时间内投入陌生的环境跟陌生人交往。但这只能说是不同天生气质的原因，而不能说内向的孩子就一定胆小，或者不爱表现自己就是有问题的。内向的孩子真的想去表现自己时，会把后果、风险、各种可能性考虑周全，所以计划更加周详、行动更沉稳。

所以要搞清楚的是，孩子到底天生气质内向，还是天生气质外向却被后天培养为内向。

孩子天生气质外向却被后天培养为内向

如果内向是后天培养出来的，可能有两个原因。

一个原因是孩子被保护得太好了。那些被包办了所有事情、被保护得太好的孩子，常常会收到父母的暗示，比如“你不行，你还做不到，你会有危险”，所以这些孩子的焦虑、顾忌很多，害怕自己做得不够好或者被别人排斥，没有勇气表现自己。另一个原因，是孩子缺乏人际交往的方法。之前从来没有人教导他怎么和同龄的小朋友交往，所以在他和别人交往的过程中，面对排斥、嘲笑后，变得内向胆小。

如果孩子由于后天培养导致胆小、退缩，那么建议从两个方面来补充心理营养。

第一，要给孩子足够的安全感。

如果孩子真的不会交往，父母要教给他人际交往的一些方法，跟他多聊天，让他在家里多训练，并且鼓励他："孩子，你可以去看看，我相信这些小朋友是欢迎你的。""孩子，你是不是很想一起玩呢，那你可以去试试看，你也可以玩得很开心。""我相信这些小朋友很乐意和你一起玩。"

父母不要按照自己理想中孩子应该有的表现去要求孩子。"你太内向了/你太不大方了/你胆子太小了/你好害羞啊……"不要这样暗示孩子，要不断给孩子足够的支持、安全感，告诉他"我相信你，你可以的"。

只要孩子有足够的安全感，能够独立自主，他的那朵连接的花就能开得非常好。不管是内向还是外向的孩子，都需要和别人连接，只是外向的孩子喜欢跟很多人连接，而内向的孩子虽然也跟人连接，但不会像外向的孩子连接那么多，只会去交那些能够深入交流的朋友，这也是外向天生气质和内向天生气质的不同。

第二，要给孩子足够的肯定、赞美、认同。

孩子每次努力尝试后，父母要强化他在人际关系上的进步："今天你交到一个朋友了。""今天你能够跟大家一起玩了，我看到你们玩得很开心。"如果希望孩子能更好地表达自己，不管他什么时候跟别人讲话，都要肯定他，告诉他今天做得很好，今天做得比之前好。永远不跟别人比，只跟他自己比。

总之，对于天生气质外向却在人际关系上特别容易退缩的孩子，可以通过增强安全感和肯定、赞美、认同，去帮助孩子不断进步。

孩子天生气质内向

如果孩子天生气质就是比较内向的，那么怎样帮助他

在适当的场合更加开放一点，在他原有的内向天生气质基础上加一点外向元素呢？内向的孩子并不是一点外向的能力都没有，内向和外向只是比例多少的问题，所以可以做一些引导。

方法一：可以让孩子多参加一些集体活动。比如几个家长联合，经常组织家庭聚会，让孩子很简单地和同龄孩子一起玩，在相对安全的环境中享受跟朋友、同伴玩耍的乐趣。当然也可以让孩子去早教班发展其社会化能力。

方法二：可以刻意让孩子认识一两个人际关系比较好、性格开朗、身体健康的同龄小朋友。这样的孩子比较懂得怎样跟内向或胆小的孩子一起玩，也可以起到示范作用。可以告诉这些小朋友："非常高兴看到你能够跟我们家孩子一起玩。"

方法三：父母要多多陪伴内向的孩子，多带他出去玩。内向的孩子也有玩乐的兴趣，只是外向的孩子玩得更疯。内向的孩子比较保守，但并非不爱玩。因此父母要多花时间带孩子出去玩，玩的时候尽量让孩子很快乐地享受这个过程。越是内向的孩子，父母越要耐心、温和。

内向的孩子在表达方面一般不像外向的孩子这么快速、直接，所以对内向的孩子一定要有耐心，关注他做得到的，千万不要对他有过高的要求。在孩子表现出害怕的情绪或行为时，父母一定要淡定。有些父母一看到孩子有害羞、害怕的行为，反应就很剧烈，孩子反而更加内向胆小了。

父母要关注孩子在人际关系上的每一次努力、每一次进步，行为上每一次愿意尝试的大胆表现，不管尝试的结果怎样，都要告诉孩子："你已经在尝试了，我觉得你进步了。"

总之，首先要接受孩子的天生气质，要看到内向孩子的优势，明确地认同孩子的优势，比如告诉他"你特别沉稳""你做事计划性很强"等。在后天的培养中，要看孩子是否缺乏心理营养，如果缺乏就要及时补充。即便孩子天生气质内向，也能通过后天的培养，比如多参加集体活动，学习人际交往的方式，让孩子与人连接的天性发挥得更好。

孩子内向不爱学新东西，怎么办？

有一位家长，孩子五岁了，性格相对内向，但在比较熟悉的环境下会表现得很开朗。对于学习新事物，开始时常常表现出抗拒，不愿意学，也很难强迫他，而一旦进入学习状态倒是学得不错。怎么让孩子对新事物有更多兴趣呢？

这个孩子的天生气质可能偏内向，在感到比较熟悉、安全之后就会表现得很开朗，学习新事物只是开始时抗拒，一旦进入学习状态之后还是学得不错的，因此这个孩子基本没有问题。

父母要做的就是给孩子多一点时间，去熟悉环境、熟悉新事物。孩子并不缺乏学习动力，如果希望他在一开始就对新的、陌生的、不确定的事物感兴趣，可以从以下几点入手激发孩子的兴趣。

第一，让孩子感受到学习新事物可以提升某些能力。

兴趣从何而来？孩子之所以会对新事物感兴趣，是因为他发现要学的东西跟自己的生活直接相关，学会之后能增加某些能力，所以才会感兴趣。

比如孩子想要学习新的词汇，是因为能够用更多词汇提升自己的表达能力，更好地表达自己，让别人了解他。孩子其实非常想提升自己的能力，希望每天不断成长。所以新事物对孩子来说有没有好处、是不是有用，这是父母要关注并且可以想办法来帮助孩子产生兴趣的关键。

当然，孩子如果天生就对某些方面，比如音乐、数学、阅读等特别感兴趣，那就不需要特别去培养，只要支持孩子去发展就可以了。

如果想鼓励内向的孩子多去探索新事物，可以刻意调动孩子的感官和操作方面的体验，让孩子自己去听、去触摸、去动手，这对孩子的帮助会非常大。

第二，让孩子感受到学习新事物可以获得刺激感。

激发孩子兴趣的另一种方式，就是让他觉得学习新事物能够获得某种刺激感。比如那些讲故事的高手，讲故事时会设置悬念，让你去猜、去想，让你感到紧张，最后才会揭晓答案。同样，在学习新事物的过程中，同样会产生悬念，孩子专注于解开谜底，身体的肌肉会先紧张后放松，这样能够大量舒放孩子的情绪能量。对于这种有刺激感的学习，孩子通常会很感兴趣。

第三，让孩子感受到学习新事物可以很快乐。

还有一种激发孩子兴趣的方式，就是从学习中感受到快乐、美妙、兴奋。那么如何让孩子在学习的过程中觉得兴奋而不是沉闷，快乐而不是痛苦呢?

如果孩子在学习时觉得越来越痛苦，哪怕是他本来很喜欢、天生有兴趣的东西，不愉快的学习过程也很有可能把这些东西变得非常无趣，把孩子的天赋也打压了。比如孩子本来很喜欢钢琴，但因为父母要求孩子不断重复弹某个曲子，而且一直告诉孩子还不够好，这样就把孩子的兴趣浇灭了。如果孩子能够从学习中获得很多快乐，自然会对学习过程充满兴趣。所以父母要思考，怎样才能让孩子在学习中获得愉悦感。

除了以上激发兴趣的几个方式之外，孩子愿意学习新事物的一个重要原因，是与重要他人关系很好。如果孩子能够在学习中获得重要他人的心理营养，那么孩子在学习时就会增加动力。比如，孩子也许本来并不喜欢数学，但是因为他的重要他人——爸爸很喜欢数学，为了获得爸爸的肯定、赞美、认同，孩子愿意模仿爸爸，对数学也特别感兴趣。

孩子内向胆小
不敢当众发言，
怎么办？

有一位家长，女儿快九岁了，性格比较内向，在学校不愿意说话，平时和同学的语言交流比较少，做什么事情都不主动，班上的同学也认为她不爱说话。在课堂上她不敢回答老师的提问，也不敢当众表达自己的观点和想法。有时，老师要求每个同学都必须上台做交流分享，她就会特别紧张、特别有压力，所以总是想不去上学来逃避。父母给她做了很多思想工作，安慰和鼓励都没有用。孩子不敢当众说话、交流，应该怎么办？

这个孩子可能天生内向，但仅仅天生内向不至于导致这样的表现，因为所有的孩子，无论是内向还是外向，都是相对的。外向的孩子，只是更愿意主动去表达自己。在课堂上完全不敢上台和同学分享交流，这不仅仅是天生气质的问题，可能还有其他原因。

比如，在后天培养过程中，父母可能非常不愿意接纳孩子的性格，比如经常批评孩子、给孩子贴标签，认为孩子很胆小、不敢去表现、说话太慢、声音太小等，有意无意地将孩子的情况恶化了。因为内向的孩子在表达上原本就不会那么主动，也不会那么快。如果父母总是说“你太不大方了/你太害羞了，长此以往你的人际关系肯定不好”之类的话，就会让孩子更胆怯。

所以孩子不爱说话、不敢表达，不仅因为天生内向，还有可能和后天培养有关——父母在心理营养方面可能给得不足。对此，建议家长做到以下三点：不要伤害孩子的自尊，不要在语言上羞辱孩子，不要展现出过多的焦虑。在此基础上，再给孩子多一些心理营养。对于十二岁之前的孩子，父母坚持这样做几个月，一年左右孩子就会有明显改善。虽然内向的孩子不像外向的孩子那样积极主动表现自己，但在生活中的语言交流方面没有任何问题。

对于案例中的孩子遇到的情况，在老师要求轮流分享时不敢去做，妈妈可以做些什么帮助孩子呢？

第一是接纳。要接纳孩子目前的情况，然后把注意力转移，不要总盯着孩子没有做到的，要去看孩子做到了什么。至于孩子能够做到什么程度，不要太苛求完美，要接纳孩子的不足，接纳孩子与其他孩子的不同。不要指责和批评孩子。为什么要接纳孩子的不足？因为如果不接纳，情况可能会恶化。妈妈可以告诉孩子：“妈妈知道，你很想去改变，不过不要紧，我们慢慢来。”一定要用语言和行动表达对孩子的接纳。

第二是重视孩子。当内向的孩子在表达上有困难或者说话比较慢时，要重视孩子，愿意花时间倾听孩子。每次不管孩子讲什么，父母都要表现出非常在意的态度，耐心倾听。可以告诉孩子：“不要紧，慢慢来，我会在这里安静地听你讲完。”父母千万不要在孩子想讲又不敢讲，或者讲得比较慢时，表现出烦躁情绪。当父母愿意倾听时，孩子会一点一点慢慢地说出自己的想法，表达就会越来越流畅；如果家长急躁，孩子就会讲得越来越糟糕。

第三是给孩子安全感。在安全感方面父母要注意两点：一是语气态度要温和，二是允许孩子做一些尝试。

对待内向的孩子，父母一定要温和，允许孩子在生活中自己做决定、对自己负责。不能因为孩子性格内向，做事或者反应比较慢，就认为孩子能力弱，为孩子包办所有的事情。

第四是肯定、赞美孩子。不要戴有色眼镜盯着孩子的内向和不足，要换个角度看待孩子，多看看孩子每一次的努力和进步，不管结果怎样，都要肯定孩子的努力，赞美认同孩子。比如“宝贝，今天你讲得特别好，我觉得你进步了”“你这样讲，妈妈觉得特别感动”，多多鼓励孩子，孩子会很有成就感，更愿意努力去改善。这样的孩子迟早会进步。

第五是家长做好示范。家长可以给孩子示范，比如给孩子讲自己遇到的事情，问问孩子听了以后有怎样的感觉和想法，然后让孩子也讲讲自己一天的所见所闻，比如学校发生的事情，孩子随便讲就好。父母要耐心倾听孩子的话，不要打断或者评判，也不要趁机教导孩子。除非孩子向父母请教该怎么办，才需要解答孩子的疑惑。等孩子全部讲完后，可以告诉他“孩子，今天你跟我讲这些，我觉得讲得特别好”，或者是“妈妈听了以后，觉得你讲得非常明白”。这样让孩子每天给父母讲一件事情，父母也给孩子讲一件事，通过不断交流，孩子就能够逐渐学会表达，家长给予的认同和赞美会让孩子更有动力去进步。

孩子在外内向
在家打人，
怎么办？

有一位妈妈，孩子三岁半，性格有点内向，在家一不乐意就要打人。如果妈妈打她，她还说“不疼”。但是她在幼儿园就很乖。幼儿园有小朋友过生日时，她不像其他小朋友那样积极，总是一个人在最外边站着。怎样让孩子在幼儿园变得主动一点？对于孩子打人的行为，应该怎么做？

打人，跟性格内向没有关系。真正性格内向的孩子，多是谨慎小心的人，一般不会出手打人。这位妈妈的孩子，在幼儿园很乖，不那么积极，但也不会去跟别的小朋友起冲突或者是有破坏行为，所以在幼儿园没有什么大问题。

这个年龄的孩子，最需要的是重要他人给她的肯定、赞美、认同。建议这位妈妈，多多关注孩子的积极面和做得比较好的地方，不要过多关注孩子做得不好的地方。父母希望孩子活泼、主动、积极，如果孩子没有做到就批评她，对孩子是不利的。

父母千万不要看到孩子外向就嫌她太张扬，看到孩子安静就嫌她不够主动。为什么这么说？因为这很可能是孩子在家里打人的原因。

这个孩子比较内向，在幼儿园很乖，在家里却一不乐意就打人，恰恰表达了孩子内心有很多愤怒。妈妈打她时，她很倔强地说“不疼”，意思就是“我不怕你打”。孩子这么小，父母教导她，她却故意顶撞父母，露出一种很倔强的表情，或者故意做出“我不想听、我懒得听”的表情，表现得满不在乎，是因为孩子心里不服气，有很多的愤怒。

内向的孩子为什么会有这么多愤怒的情绪？这些愤怒的情绪，到底要告诉我们什么呢？孩子愤怒时到底想说什么，可能连孩子自己也不知道。但是从心理学角度来讲，孩子表达愤怒其实是在说“不”。

一个是身体上的“不”。比如这个孩子被妈妈打时说“不疼”，她肯定是疼的，但为什么说不疼呢？其实就是非常愤怒地表达：我不要让你知道我害怕！这恰恰表现出孩子是很害怕的，她觉得妈妈这样打她是不对的，她的身体是不接受的。

一个是心理上的“不”。也就是说，孩子在心理上、感情上要讲一个大大的“不”。比如她觉得自己被忽略了，或者她觉得父母的话是不对的。如果父母在语言上过多批评孩子，表达了对孩子感情上的拒绝，这样的语言会伤害孩子，让她觉得自己不重要、不被爱，从而产生愤怒情绪。

一个是灵性上的“不”。所谓灵性，就是精神，一般对孩子来说就是她的价值感。如果父母讲的话让孩子觉得自己很没有用、没有价值，生存没有意义时，孩子也会表现出愤怒的情绪。

当一个孩子有很多愤怒，这些愤怒又不断累积时，不管是外向还是内向，孩子都会通过打人来发泄。过多愤怒的能量在身体里会让孩子觉得很不舒服。三岁半的孩子，语言表达能力不够，就会通过出手打人来说“不”——在身体上可能她不赞成，在感情上她觉得不对，在价值感上也有很大的抗议——“我有这么糟吗？我有这么差吗？”

所以父母要思考，自己的言语和行为为什么会引发孩子这么多的愤怒，找到原因以后才能从根本上解决孩子打人的问题。

01 · 太黏妈妈，怎么办？

02 · 胆小被欺负，怎么办？

03 · 不会交朋友，怎么办？

04 · 内向被动不爱表现，怎么办？

05 · 不好好吃饭，怎么办？

06 · 不想睡觉起床就哭，怎么办？

07 · 爱拖拉磨蹭，怎么办？

08 · 一言不合撒泼打滚，怎么办？

09 · 上幼儿园后情绪多，怎么办？

10 · 不愿意上学，怎么办？

11 · 抵触学习写作业，怎么办？

12 · 痴迷电子产品，怎么办？

与渴望联结：每个问题，都是给予心理营养的最佳时机——

与渴望联结：每个问题，都是给予心理营养的最佳时机